Dieses Buch gehört

....

....

BUNTER REGENWALD

Tiergeschichten aus dem Amazonas

INHALT

WILLKOMMEN IM REGENWALD

Im Regenwald leben viele Tiere und Pflanzen.
Über die Hälfte aller bekannten Arten.
Hier gibt es auch welche, die noch gar
nicht entdeckt sind.

Denn an manchen Stellen ist der
Dschungel sehr dicht bewachsen.
So dicht, dass noch kein Mensch bis
dorthin vorgedrungen ist.

Es gibt so viele Bäume, Sträucher, Farne
und Flüsse, dass Menschen nur mühsam
vorankommen. Und manchmal trauen sie sich
gar nicht erst tief in den Dschungel hinein.

Aber die Tiere haben alle gelernt, sich hier
mühelos zu bewegen, zu überleben,
sich zu verteidigen und zu vermehren.
Willst du wissen, wie sie das machen?
Dann blättere in diesem Buch.

DER ARA

Aras gehören zu den Papageien.
Die kräftigen Farben ihrer Federn sind
wunderschön. Man hört sie durch den
Regenwald krächzen und schnattern.
Als würden sie miteinander plaudern.

Der Gelbbrust-Ara hat ein blau-gelbes
Federkleid. Er ist der größte aller
Papageien.

Aras sind sehr schlau.
Sie können auch
zahm werden. Sogar
viel Laute können sie
nachahmen.

Aras haben einen kräftigen Schnabel.

Er ist wie ein Haken gebogen.

Der Schnabel ist ihr wichtigstes Werkzeug.

Mit ihm öffnen sie Nüsse oder halten

Nahrung fest.

Er hilft ihnen auch beim Klettern. Sie

benutzen ihn, als wäre er ein dritter Fuß.

Aras lieben Nüsse. Manchmal können
aber auch giftige dabei sein.
Um sich vor dem Gift zu schützen,
haben sie einen Trick. Alle zwei bis
drei Tage fressen sie Lehm.
Der Lehm macht das Gift unschädlich.
So bleiben sie gesund.

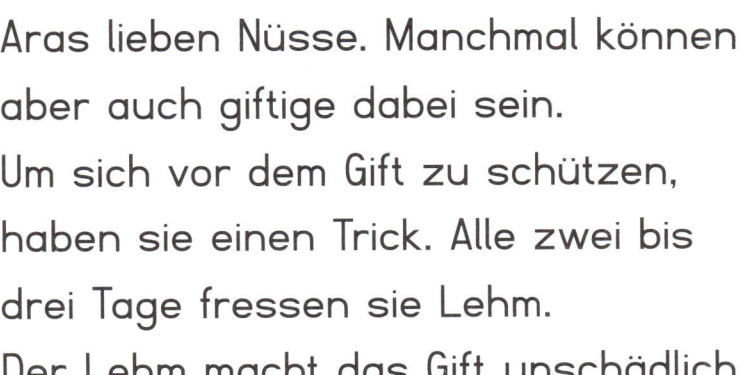

DER JAGUAR

Leise schleicht ein Jaguar heran.
Was für ein elegantes Tier.

Er ist die größte Raubkatze
Amerikas. Ein Einzelgänger.
Er gehört zur Familie der Katzen.

Der Jaguar hat das stärkste
Gebiss von allen Großkatzen.
Es ist sogar doppelt so stark
wie das eines Löwen.
Mit nur einem Biss tötet er seine Beute.

Der Jaguar jagt nachts.
Im Dunkeln schleicht er sich an
seine Opfer heran.
Manchmal wartet er auch geduldig
auf einem Ast.

Es gibt auch fast schwarze Jaguare. Nur wenn man ganz genau hinsieht, kann man Flecken entdecken.

Erscheint ein Beutetier, schlägt er zu.

Er erlegt es mit einem Sprung.

Der Jaguar ist ein Fleischfresser.

Er mag Affen, Faultiere und Nasenbären.

Kopiere die Seite und male dein Lieblingstier bunt an.

Wie bunt sind die Tiere bei dir?

Wer sitzt hier?

Verbinde die Punkte und finde
heraus, wer im Wald lauert.

DIE ANAKONDA

Die Anakonda ist eine Riesenschlange.
Sie ist so lang wie ein Bus. Das sind fast
neun Meter. Unglaublich, aber wahr!

Sie ist die schwerste Schlange der Welt.
Sie wiegt bis zu 250 Kilogramm, soviel
wie vier erwachsene Menschen.

Die Anakonda hat großartige
Sinnesorgane. Mit ihrer gespaltenen
Zunge prüft sie ihre Umgebung
und nimmt Duftstoffe auf.

Ihr Geruchsorgan liegt oben in ihrem Gaumen. Sie riecht also mit ihrem Maul.

Aber es kommt noch besser: Sie kann orten, woher der Geruch kommt. Sie riecht räumlich.

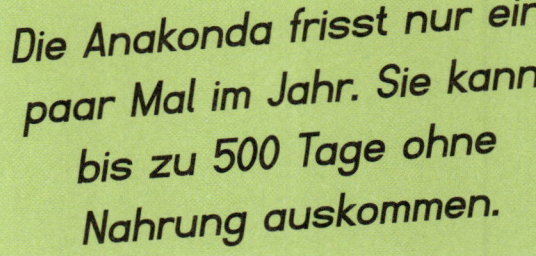

Die Anakonda frisst nur ein paar Mal im Jahr. Sie kann bis zu 500 Tage ohne Nahrung auskommen.

Die Anakonda ist eine unsichtbare Jägerin. Sie wartet im Wasser auf ihre Beute. Gut versteckt. Farblich passt sie sich der Umgebung an.

Hat sie ein Opfer entdeckt, beißt sie zu.
Danach umschlingt sie es.
Sie drückt zu, bis die Beute erstickt.
Die Anakonda ist eine Würgeschlange.

Sie verschlingt ihre Beute im Ganzen.
Auf diese Art erlegt sie Hirsche,
Kaimane und Jaguare.

DER KOLIBRI

Keiner kann so gut fliegen wie der Kolibri.
Dieser kleine Vogel kann auf der Stelle
und sogar rückwärts flattern.

Er ist winzig. Er wiegt nur zwei Gramm und
wird nicht länger als sechs Zentimeter.
Das ist so lang wie einer von deinen
Fingern.

Sein Schnabel ist fast so lang wie
sein Körper.
So kann er mühelos den Nektar aus
langen Blütenkelchen saugen.

Der älteste bekannte Kolibri
lebte vor 30 Millionen Jahren,
also zusammen mit
den Dinosauriern.

Alle 15 Minuten muss er Nektar trinken.
Sein Leben in der Luft kostet ihn
viel Kraft und Energie.

Der Kolibri ist für viele Pflanzen sehr nützlich. Er fliegt von Blüte zu Blüte und bestäubt sie. Dafür bekommt er Nektar. Eine tolle Zusammenarbeit!

ROSA DELFINE

Im Regenwald gibt es tatsächlich rosa Delfine: die Amazonasdelfine.

Sie sind sehr scheu, aber auch sehr neugierig. Wenn man mit dem Paddel auf das Wasser schlägt, kommen sie.

Sie können nicht gut hören oder sehen.
Sie senden aber Schallwellen aus, die
als Echo zurückkommen. Das ist eine
besondere Form, um sich zurechtzufinden.
Mithilfe der Schallwellen finden sie auch
ihr Futter.

Die rosa Delfine tragen einen Bart.
Die borstigen Haare an ihrer langen
Schnauze sind einzigartig.
Mit den Haaren spüren sie ihre Beute
im Schlamm oder Schilf auf.

Die rosa Delfine sind Säugetiere.
Sie haben Lungen. Alle 30 Sekunden
tauchen sie auf und müssen atmen.

Die jungen Delfine sind grau. Mit der Zeit wird ihre Haut immer dünner. Bis man irgendwann das Blut durchscheinen sieht. Dann wirken sie rosa.

30

Hilf der kleinen Ameisen, den Weg nach Hause zu finden.

Welches Tier frisst manchmal Lehm?

Kopiere die Seite und male aus.

Schreibe hier die richtige
Antwort hin:

....

31

DER TUKAN

Hoch oben in den Baumwipfeln
des Regenwaldes sitzt der Tukan.
Man erkennt ihn leicht an seinem
auffälligen, großen Schnabel.

Fast könnte man ihn
für einen Papagei halten.
Doch er gehört zu den
Spechtvögeln.

Der Tukan hüpft geschickt
durch die Äste. Mit seinen
kurzen Flügeln kann er nicht
so gut fliegen. Jedenfalls keine
weiten Strecken.

Was für ein Lärm!
Der Tukan gehört zu
den lautesten Tieren
im Regenwald.

33

Tukane erkennen sich an den Schnäbeln. Sie sind alle unterschiedlich und jeder hat ein eigenes Muster.

Oft ist der Tukan in kleinen Gruppen unterwegs. Früchte und Insekten mag er besonders gern.

Manchmal raubt er sogar Vogelnester aus. Oder frisst kleine Reptilien.

Der Tukan hat einen sehr großen
Schnabel. Er ist hohl und daher sehr
leicht, obwohl er so groß aussieht.

Wenn dem Tukan zu
heiß ist, kann er das Blut
in seinem Schnabel abkühlen.

DIE KAPUZINERAFFEN

Eine Gruppe Kapuzineraffen
sitzt friedlich beisammen.
Sie kraulen sich gegenseitig
und pflegen ihr Fell.
So wird der Zusammenhalt
der Gruppe gestärkt.

Sie reden auch miteinander.
Dazu stoßen sie verschiedene Laute aus.
Kapuzineraffen sind uns Menschen
sehr ähnlich.

Meistens sitzen die Kapuzineraffen
im Baum. Sie sind Baumbewohner.
Sie können sich auch nur mit ihrem
Schwanz festhalten.

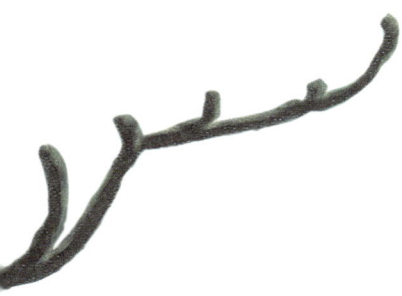

Dann hängen sie an einem Ast und
fressen gemütlich.
Ab und zu kommen sie auch auf
den Boden. Doch nachts schlafen sie
lieber auf hohen Bäumen.

Kapuzineraffen fressen Früchte und Samen.
Auch Knospen oder Insekten, Spinnen
und andere Kleintiere stehen auf ihrem
Speiseplan.

Kapuzineraffen sehen aus, als hätten
sie eine schwarze Mütze auf.
Solche Kappen tragen auch
die Mönche des Kapuzinerordens.

Manchmal klauen sie
sogar Vogeleier.
Sehr klug ist, wie
sie Nüsse knacken.
Sie verwenden dazu
Steine.

DER PFEILGIFTFROSCH

Der Pfeilgiftfrosch ist nur wenige Zentimeter groß. Im dichten Dschungel lauern überall Feinde, die ihn fressen wollen. Aber er hat gelernt zu überleben.

Obwohl er so klein ist, ist er sehr gefährlich. Er bildet Gift in seinen Zellen. Außerdem frisst er giftige Insekten. Das Gift scheidet der Frosch dann durch die Haut aus. Seinen Feinden bekommt das gar nicht.

Mit seinen grellen Farbtönen schreckt er
Angreifer ab. Signalrot, gelb, orange, blau:
Diese Farben leuchten zur Warnung.
Als würde der Frosch sagen:
„Komm bloß nicht so dicht an mich heran!"

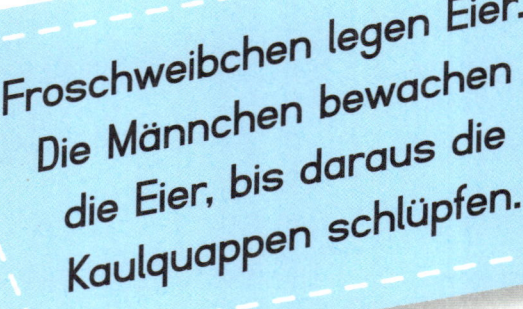

Froschweibchen legen Eier.
Die Männchen bewachen
die Eier, bis daraus die
Kaulquappen schlüpfen.

Seinen Namen hat der Frosch bekommen,
weil die Bewohner des Regenwalds
ihre Pfeile mit seinem Gift tränken.
Sie kennen sich gut damit aus.

Das Pfeilgiftfroschmännchen kümmert sich
liebevoll um seinen Nachwuchs.
Seine Jungen trägt er auf dem Rücken.
Er sucht einen sicheren Unterschlupf
für sie. Dafür klettert er sogar
hoch hinauf in Bäume.

Jedes Tier im Regenwald muss sich was einfallen lassen, um zu überleben.

Was hast du in letzter Zeit gelernt worauf du sehr stolz bist?

....

....

....

....

....

Wie war dein Tag?

morgens   mittags   abends

langweilig   nervig

spannend   ermüdend

lustig   interessant

Mach deinen Tag bunt!

DIE BLATTSCHNEIDER-AMEISEN

Im Regenwald leben ganz besondere
Ameisen. Sie haben einen sehr langen
Namen: Blattschneiderameisen. Und
tatsächlich zerkleinern die Ameisen Blätter.
Dafür haben sie scharfe Zangen.

Die Stückchen tragen sie dann in ihren
Bau. Aber nicht, um sie zu fressen.

Die Ameisen ernähren sich von Pilzen.
Sie züchten sie. Diese Pilze brauchen
Blätter, um darauf zu wachsen.

In einer Kolonie leben zwei bis drei
Millionen Ameisen. Ein Ameisenbau ist
daher sehr groß und es gibt viel zu tun.

Jede Ameise hat eine eigene Aufgabe.
Ein Teil der Ameisen repariert das Nest.
Eine Gruppe sucht ständig neue Blätter.
Wieder andere sorgen für die Pilze und
ernten sie.

Einige Ameisen bewachen den Bau
und schützen die anderen.
Die Ameisen arbeiten gut zusammen.
So schaffen sie alle Aufgaben leicht.

DER AMEISENBÄR

Der Ameisenbär sieht lustig aus.
Sein Kopf und seine Schnauze ähneln
einer langen Röhre.
Sein Schwanz ist buschig. Er kann sich
damit sogar zudecken.

Sein Gehirn ist so groß wie eine Walnuss.
Er kann sich nur auf eine Sache
konzentrieren. Ist er auf Futtersuche,
sucht er nach Futter. Sonst nichts.
Er würde es nicht bemerken, wenn man
sich ihm nähert.

Riechen ist seine Stärke. Seine Supernase spürt mühelos Ameisen im Boden auf. Dann kommt seine 60 Zentimeter lange Zunge zum Einsatz. An ihr bleiben die Ameisen kleben.

Der Ameisenbär frisst außer Ameisen
nur noch Termiten. Viel Auswahl hat er
also nicht.
Er muss seine Kräfte einteilen. Dafür
schläft das Tier bis zu 15 Stunden am Tag.
Immer eingekuschelt mit seinem Schwanz
als Zudecke.

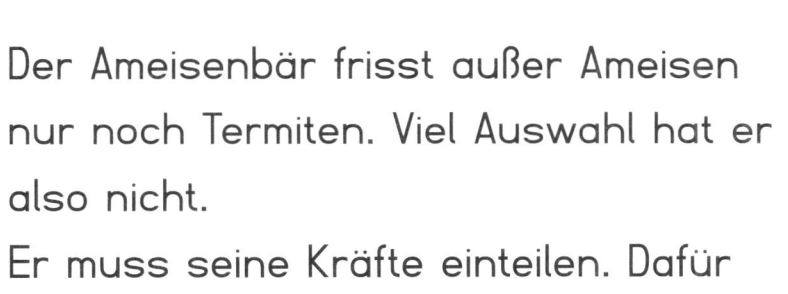

DER KAIMAN

Der Kaiman ist ein Krokodil.

Er gehört zur Familie der Alligatoren.

Die meiste Zeit ruht er sich aus.

Er liebt es, sich zu sonnen.

Der Kaiman liegt oft auf Sandbänken

oder schlammigen Böden.

Der Kaiman kann tauchen.
Dazu verschließt er seine Ohren
und Nasenlöcher. Er kann bis zu
einer Stunde unter Wasser bleiben.

Der Kaiman ist ein Raubtier.
Mit nur einem Biss erlegt er seine Beute.
Er frisst Fische, Muscheln oder Weichtiere.

DER PIRANHA

Typisch für den Piranha sind seine messerscharfen Zähne.
Er lebt in den Flüssen des Regenwaldes.
Dort schwimmt er mit vielen anderen Piranhas in einem Schwarm umher.

Piranhas sind die Gesundheitspolizei
der tropischen Flüsse. Sie fressen tote
und kranke Tiere.

Im Regenwald kommt es oft zu Hochwasser.
Dann ertrinken viele Tiere und Krankheiten
breiten sich aus. Die Piranhas beseitigen
dieses Problem schnell. Sie sind also sehr
wichtig für den Regenwald.

Piranhas fressen sich sogar gegenseitig, wenn einer von ihnen blutet.

In Flüssen mit Piranhas könnte man auch baden.
Piranhas greifen Menschen und Säugetiere nicht an.

Aber man darf keine blutende Wunde
haben. Das lockt die Piranhas an.
Piranhas können nämlich sehr gut
riechen.

Welches Tier bist du?

Verbinde deinen Geburtsmonat mit
dem entsprechenden Tier.

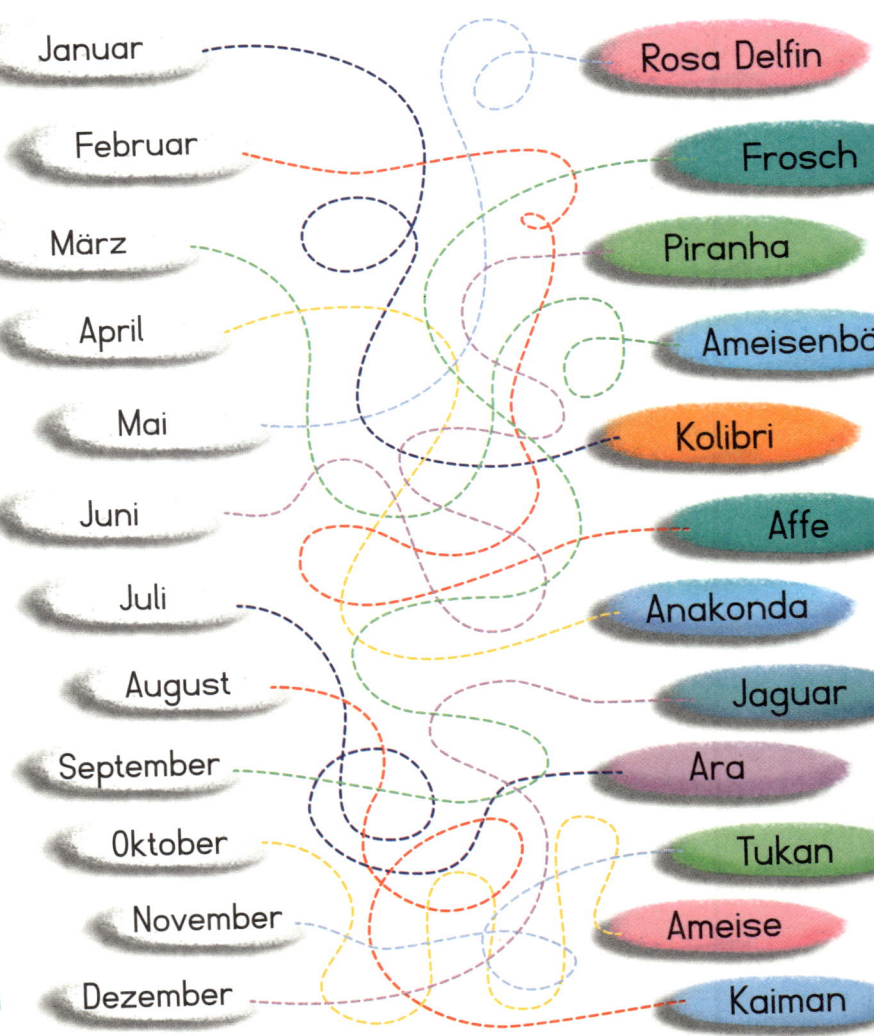

Januar

Februar

März

April

Mai

Juni

Juli

August

September

Oktober

November

Dezember

Rosa Delfin

Frosch

Piranha

Ameisenbä

Kolibri

Affe

Anakonda

Jaguar

Ara

Tukan

Ameise

Kaiman

Wer kann was?

Manche Tiere können etwas Besonderes, Kreuze an.

1. Der Tukan kann ...

- ☐ ... besonders tief tauchen.
- ☐ ... mit Messer und Gabel essen.
- ☐ ... andere am Schnabel erkennen.

2. Der Ameisenbär kann ...

- ☐ ... sich am Baum festkleben.
- ☐ ... sich mit seinem Schwanz zudecken.
- ☐ ... mit Anakodas tanzen.

3. Der Pfeilgiftfrosch kann ...

- ☐ ... Gift machen.
- ☐ ... Aras erschrecken.
- ☐ ... rückwärts zählen.

4. Der Kolibri kann ...

- ☐ ... die Uhr lesen.
- ☐ ... rückwärts fliegen.
- ☐ ... seine Farbe ändern.

63

Bildnachweis

S. 12 Shutterstock/Liliya Butenko; S. 20–21 Shutterstock/Digital Storm; S. 22–23 Shutterstock/sokolova_sv; S. 34 shutterstock/Painterstock; S.42, 44 Shutterstock/Nicolas Primola; S. 49 o., 52–53 Shutterstock/Panaiotidi; S. 59 Shutterstock/Nicolas Primola

Der Verlag hat sich bemüht, die Rechte sämtlicher verwendeter Abbildungen sowie auch Textzitate mit den jeweiligen Rechteinhabern zu klären. Sollten Rechteinhaber berechtigte und nachweisbare Ansprüche anmelden wollen, bittet der Verlag sie um Kontaktaufnahme.

Text: Jana Ullke
Lektorat: Silvia Schröer
Illustrationen: Ferruccio Cucchiarini, Apecchio
Illustrationen Activityseiten: Alberto Stefani, Carrè
Cover Layout: Raffaele Anello, Berlin
Layout-Konzeption: Luca Caratozzolo, Berlin
Projektkoordination und -abwicklung: Editors Genie | Udo Rehmann, Feldafing
Druck und Bindung: Neografia, a.s., Martin-Priekopa
Printed in: Slovakia

ISBN: 978-3-96808-011-6

Nachdruck	Druckjahr
5 4 3 2 1	2024 2023 2022 2021